Native Foods of Latin America

CHOCOLATE

Inés Vaughn

Traducción al español: Ma. Pilar Sanz

PowerKiDS press & Editorial Buenas Letras™
New York

For my sister, Julianna, a true devotee of chocolate

Published in 2009 by The Rosen Publishing Group, Inc.
29 East 21st Street, New York, NY 10010

First Edition

Photo Credits: Background texture © www.istockphoto.com/Kati Molin; Cover, p. 1 © www.istockphoto.com/Mark Wragg; p. 4 © White Packert/Getty Images; p. 7 © Angelo Cavalli/Getty Images; p. 8 © Mark Edwards/Peter Arnold, Inc.; pp. 11, 16 Shutterstock.com; p. 12 © Mexican School/Getty Images; p. 15 © Adalberto Ríos Szalay/Age Fotostock; p. 19 © www.istockphoto.com/Edyta Pawtowska; p. 20 © www.istockphoto.com/Zsolt Biczó.

Library of Congress Cataloging-in-Publication Data

Vaughn, Inés.
Chocolate / Inés Vaughn ; traducción al español, Ma. Pilar Sanz. — 1st ed.
p. cm. — (Native foods of Latin America)
Includes index.
ISBN 978-1-4358-2726-4 (lib. binding)
1. Cookery (Chocolate)—Juvenile literature. 2. Chocolate—Latin America—Juvenile literature. 3. Chocolate—Juvenile literature. I. Title.
TX767.C5V38 2009
641.6'374—dc22
2008027168

Manufactured in the United States of America

CONTENTS

CONTENIDO

Do you know where chocolate comes from? Chocolate is made from the cacao plant. Cacao plants first grew in Latin America. Chocolate has a rich, long history in Latin America. It is still well loved there today, both as a hot drink and as a sweet candy.

¿Sábes de dónde viene el chocolate? El chocolate viene de la planta del cacao. Las plantas de cacao vienen de Latinoamérica donde el chocolate tiene una larga historia. El chocolate sigue siendo muy popular en Latinoamérica, tanto como golosina como bebida.

Cacao plants are small trees. Pods grow from the cacao's **trunk** and biggest branches. The pods are about the size and shape of a football. They may be many colors, such as green, yellow, purple, orange, and red. Each cacao pod has a thick **pulp** with 20 to 40 beans inside.

Las plantas de cacao son pequeños árboles. En el **tronco** del árbol crecen vainas que tienen la forma y el tamaño de una pelota de fútbol americano. Las vainas pueden ser de color verde, amarillo, púrpura, anaranjado y rojo. Cada vaina tiene una gruesa **pulpa** con 20 ó 40 granos.

Farmers pick cacao pods, cut them open, and **ferment** the beans in the pulp. Then, chocolate companies buy and **roast** the beans. Next, machines break open the beans, leaving **nibs**. Nibs are ground and made into cocoa butter and cocoa solids. These are mixed to make chocolate.

Después de cortar y seleccionar las vainas, los granjeros **fermentan** los granos. Las compañías chocolateras compran estos granos y los **tuestan**. Máquinas especiales abren los granos tostados y los separan en sólidos de cacao y en manteca de cacao. Finalmente, estos se mezclan para hacer el chocolate.

Wild cacao trees grow in the **rain forests** of South America. The first people to grow and eat cacao were Native Americans. In Honduras, people have found pots with cacao remains that are about 3,000 years old. This cacao was likely used to make a fermented drink.

En las **selvas** de Centro y Sudamérica crecen árboles de cacao silvestre. Los indígenas americanos fueron los primeros en cosechar y comer cacao. En Honduras se han encontrado restos de vainas de cacao que tienen más de 3,000 años. Es muy posible que este cacao se haya usado para hacer una bebida fermentada.

12

Later groups of Native Americans mixed ground cacao beans with water and seasonings, such as chiles and vanilla, to make a thick drink. The Mayas and Aztecs prized cacao and used the drink to honor their gods and kings. In fact, they even used cacao beans as money.

Más tarde, los indígenas mezclaron granos de cacao molido con agua y algunas especies, tales como chiles y vainilla, para preparar una bebida espesa. Los mayas y los aztecas apreciaban mucho el cacao y lo utilizaban para celebrar a sus dioses y reyes. De hecho, los granos de cacao se usaban como dinero.

Today, hot chocolate is one of the best-liked drinks in Latin America. Chocolate *atoles*, or drinks thickened with masa, or corn flour, are also common. In Mexico and Central America, many people have chocolate drinks for breakfast. It is a great way to start your day!

Actualmente, el chocolate caliente es una de las bebidas preferidas en Latinoamérica. También son muy populares los atoles de chocolate o bebidas con masa de maíz. En México y Centroamérica, es común beber chocolate en el desayuno. ¡Qué buena manera de comenzar el día!

There are also many Latin American desserts, or sweet dishes, that are made with chocolate. *Pan dulce*, a sweet bread made in Mexico, is often served with a chocolate topping. Peruvians enjoy *turrón de chocolate*, a heavy chocolate cake with nuts that is often served cold.

Además, muchos postres latinoamericanos llevan chocolate. En México, muchos tipos de pan dulce están cubiertos con chocolate. En Perú es famoso el turrón de chocolate, un pastel de chocolate y nueces que se sirve frío.

Latin Americans mark many special days with chocolate. For Christmas, people in Peru give hot chocolate to poor children at *chocolatadas*. Many Latin Americans give chocolate to their loved ones on Valentine's Day. Giving chocolate can show someone you care for them.

Muchas celebraciones de Latinoamérica incluyen chocolate. En Perú, se organizan chocolatadas en las que se sirve chocolate caliente a los niños pobres. En el Día de San Valentín, muchos latinoamericanos regalan chocolate a sus seres queridos. Regalar chocolates es una muestra de afecto.

Though chocolate comes from Latin America, it is now eaten around the world. In fact, the first chocolate candies were made in Europe. Europe is still home to many of the world's best chocolate makers. For example, chocolate makers from Belgium and Switzerland are widely respected.

Aunque el chocolate viene de Latinoamérica, es muy popular en todo el mundo. De hecho, las primeras golosinas de chocolate se hicieron en Europa. Los mejores chocolateros del mundo se encuentran en Europa. Los chocolateros de Bélgica y Suiza son muy famosos.

Some people love sweet chocolate cakes, while others like spicy chocolate drinks. People eat everything from fruit to bugs to very hot chiles covered in chocolate! Cooks even make huge **sculptures** from chocolate. There are many ways to enjoy this wonderful food!

A muchas personas les gusta el chocolate dulce, otras prefieren bebidas picantes con chocolate. Fruta, inséctos, chiles picantes y muchas otras comidas se comen cubiertas de chocolate. Muchos cocineros incluso hacen **esculturas** de chocolate. ¡Hay muchas maneras de disfrutar los chocolates!

GLOSSARY

ferment (fur-MENT) To change matter in a way that that makes gas bubbles.

nibs (NIBZ) The centers of cacao beans.

pulp (PULP) The soft, wet filling of something.

rain forests (RAYN FOR-ests) Thick forests that receive a large amount of rain during the year.

roast (ROHST) To cook over high heat or in an oven.

sculptures (SKULP-cherz) Figures that are shaped or formed.

trunk (TRUNGK) The thick, woody stem of a tree.

GLOSARIO

esculturas (las) Figuras que han sido moldeadas.

fermentar Cambiar una bebida, o líquido, de manera que forme burbujas.

pulpa (la) La parte blanda de una fruta o planta.

selva (la) Bosque tropical en el que llueve con frecuencia.

tostar Cocinar algo a altas temperaturas.

tronco (el) El tallo, grueso y leñoso, de un árbol.

INDEX

ÍNDICE

WEB SITES / PÁGINAS DE INTERNET

Due to the changing nature of Internet links, PowerKids Press and Editorial Buenas Letras have developed an online list of Web sites related to the subject of this book. This site is updated regularly. Please use this link to access the list: www.powerkidslinks.com/nfla/choco/